Highlights für Grundschulkinder

101 Tipps für einen positiven Schulalltag

Almuth Bartl

Mildenberger Verlag

Bestell-Nr. 180-58 · ISBN 978-3-619-01858-1

Internetadresse: www.mildenberger-verlag.de
E-Mail: info@mildenberger-verlag.de

Auflage	4	3	2	1
Jahr	2014	2013	2012	2011

Illustrationen: Judith Heusch, 79362 Forchheim
Druck: EH Druck GmbH, 77716 Haslach

Gedruckt auf umweltfreundlichen Papieren

Bezugsmöglichkeiten

Alle Titel des Mildenberger Verlags erhalten Sie unter: www.mildenberger-verlag.de oder im Buchhandel. Jede Buchhandlung kann alle Titel direkt über den Mildenberger Verlag beziehen.
Ausnahmen kann es bei Titeln mit Lösungen geben: Hinweise hierzu finden Sie in unserem aktuellen Gesamtprogramm.

Lieber grauer Schulalltag,

nun darfst du dich endlich zur Ruhe setzen und Platz machen für einen Schultag mit Überraschungen, Spannung und Fröhlichkeit für ein positives Miteinander im Klassenzimmer. „Highlights für Grundschulkinder" sind kleine Stimmungsaufheller, Belohnungen für viele kleine Siege im Schülerleben, Trostpflaster und Überraschungen an besonderen Tagen im Schuljahr.
„Highlights für Grundschulkinder" dauern meistens nur ein paar Minuten, schaffen aber eine Basis, auf der dann ein effektiver Unterricht besser möglich ist. Die Schüler sind entspannt, gut gelaunt und können dem Unterricht aufmerksamer folgen.

Glückliche, lebensbejahende, wissbegierige und dabei ausgeglichene Schüler fallen nicht vom Himmel. Sie sind immer ein Spiegel der Zuwendung ihrer Eltern, einer positiven, engagierten Lehrerpersönlichkeit, die sich auf ihre Schüler einlässt und der Qualität des gemeinsamen Schullebens.
Wenn sich am Ende des Schultages die Kinder auf den nächsten Schultag freuen, dann haben Sie, liebe Lehrer eine Menge erreicht. Dann fühlt sich jedes Kind persönlich „bemerkt" und aufgehoben und wird sich mit weitaus mehr Engagement für die Belange der Schule einsetzen und leichter und nachhaltiger lernen als bisher.

Almuth Bartl

Es wirkt wahre Wunder, wenn man die Kinder nach den Ferien und vielleicht sogar an jedem Wochenbeginn auffordert, alle Mitschülerinnen und Mitschüler mit Handschlag zu begrüßen. Erinnern Sie die Kinder daran, dass man sich bei der Begrüßung ansieht und so eine Begrüßung noch viel netter wirkt, wenn man zusätzlich ein paar Worte wechselt.

Versuchen Sie selbst, zumindest am Montagmorgen, jedes Kind mit Handschlag zu begrüßen und am Freitag in der letzten Stunde ebenso zu verabschieden.

Der Freudentanz

Ein für lebhafte, quicklebendige Kinder besonders geeignetes Spiel:
Alle tanzen Hand in Hand mit den Klassenkameraden zu einer fröhlichen Musik.
Dabei können sie sich nach Lust und Laune bewegen.

Kampf dem Nebelgrau

Gelb, Orange und Rot sind Farben, die sich als Gemütsaufheller positiv auf die Stimmung im Klassenzimmer auswirken. Darum kann man zum Beispiel im tristen Novembergrau einen roten Tag einführen. An diesem Tag sollen möglichst viele Kinder (und auch die Lehrerin) mit roten Kleidungsstücken in die Schule kommen, es kann mit roten Stiften geschrieben und gemalt und rote Farbwörter (tomatenrot, himbeerrot ...) gesammelt werden usw.
Übrigens: Die Farbe „Orange" wirkt gegen Müdigkeit, Niedergeschlagenheit und Lustlosigkeit. Wenn Sie im Klassenzimmer Plakate anbringen mit diversen Regeln oder Erkenntnissen, schreiben Sie die am besten auf orangefarbenen Karton. Vorhänge in Orange wirken belebend und ein Bild, das vorwiegend in dieser Farbe gehalten ist, kann von Schülern wie von Lehrern immer wieder mit den Augen als Energietankstelle benützt werden.

Die Lehrerin wandert mit einem Zeigestab über eine Landkarte. Ein Kind, das vorher benannt wurde, ruft irgendwann „Stopp!". Dann überprüfen alle zusammen, wohin der Zeigestab deutet, wohin die Reise also gegangen ist. Die Lehrerin erzählt nun zu diesem Land bzw. zu diesem Ort z.B. eine kleine Geschichte, oder erzählt, wie die Menschen dort aussehen, welche Sprache sie sprechen, wovon sie leben, welche Produkte aus diesem Land auch bei uns zu kaufen sind oder sie berichtet von den Kindern, die dort leben, was sie spielen, welche Vornamen sie haben, welche Tiere sie in ihrer Nähe haben und vieles mehr.

Der Klassenorden

Die Kinder kreieren die tollsten Klassenorden. Dazu können z. B. Bierdeckel mit bunten Schnipseln beklebt werden. Man kann außerdem ein Loch in den Deckel bohren und ein langes Band durchziehen. Wer einen Orden verdient, bekommt ihn feierlich mit ausführlicher „Laudatio" und individueller Beschriftung von den Mitschülern verliehen.

Das stumme Lob

Nicht jedes Lob verlangt große Worte. Manchmal ist es nur ein Zuzwinkern, ein Schulterklopfen, ein Lächeln oder ein „Daumen-hoch-Zeichen", das alles sagt, auch ganz ohne Worte.

Der Überraschungsbaum

Viele Streichholzschachteln oder leere Überraschungseier-Behälter werden mit winzigen Preisen (Radiergummi in besonderer Form, Murmeln, Würfel ...) gefüllt. Die Schachteln werden dann in Papier gewickelt, an Bänder geknüpft und im Klassenzimmer aufgehängt. Wer eine Überraschung verdient, weil er sich zum Beispiel besonders nett um einen Mitschüler gekümmert hat, darf sich ein Mini-Geschenk nehmen.

Alle Achtung!

Ein Reaktionsspiel: Alle sitzen um einen Tisch, Hände an der Tischkante. Die Lehrerin erzählt eine Fantasiegeschichte von einem Tier, zum Beispiel einer Kuh, die lauter Blödsinn treibt. Wenn das Tier aber etwas tut, was unmöglich ist, z. B.: seine Farbe ändert, müssen die Zuhörer „Stopp!" rufen und mit einer Hand auf den Tisch klopfen. Gewinner ist, wer zuerst gerufen und geklopft hat. Aber die Geschichte geht natürlich gleich weiter … und wer entdeckt die nächste Schwindelei?

Im Kreise drehen

Alle Schüler bilden einen Kreis und wandern, gemeinsam ein Lied singend, rechts herum. Ein Kind aber, das heute vielleicht besondere Aufmerksamkeit braucht, steht mitten im Kreis. Wenn es in die Hände klatscht, ändern die Schüler ihre Wanderrichtung und gehen jetzt links herum. Je häufiger und schneller das Kind in die Hände klatscht, desto lustiger wird es, weil es immer schwieriger wird, mit den Richtungen nicht durcheinanderzukommen.

Die Milchzahn-Fee

Fällt ein Milchzahn tatsächlich einmal während des Unterrichts aus, ist das kein Grund zur Betrübnis. Das Kind kann seinen Zahn in ein kleines buntes Kästchen legen und es aufs Fensterbrett stellen. Wenn man Glück hat, kommt in der großen Pause oder am Nachmittag die Milchzahn-Fee vorbei und legt ein kleines Geschenk in das Kästchen.

Verantwortung

Stärken Sie die Fähigkeit Ihrer Schüler, für sich selbst und für Mitschüler Verantwortung zu übernehmen. Beispielsweise indem sie ermuntert werden zu Fehlern zu stehen, sie ein krankes Kind mit Informationen aus der Schule versorgen usw.

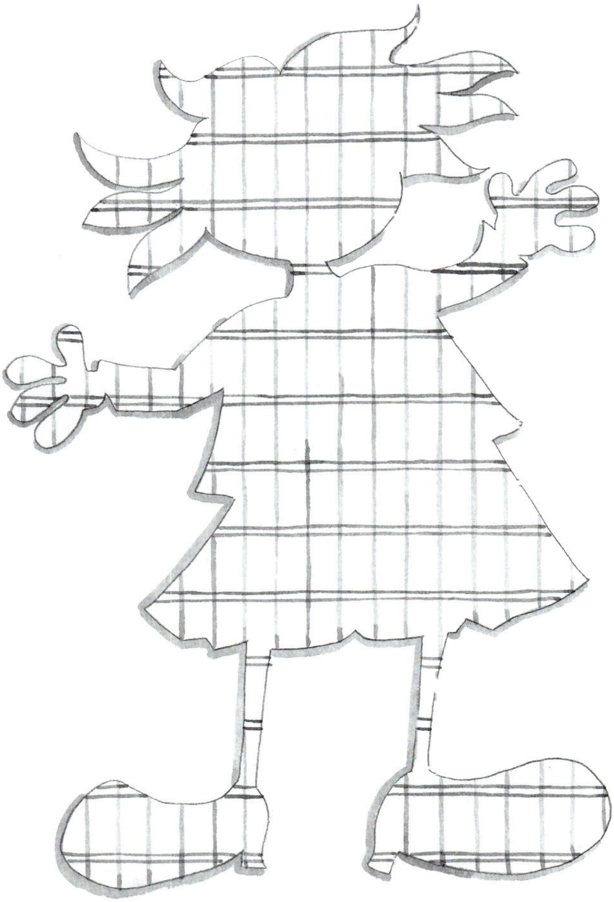

Jedes Kind bekommt eine Schere, Zeitungen, Zeitschriften und Geschenkpapiere. Auf „Los!" beginnen alle ganz unterschiedliche aber große Figuren aus den Papieren zu schneiden (keine leichte Übung für Grundschulkinder). Die Figuren können dick oder dünn sein, mit oder ohne Hut, mit Locken oder mit langen Strähnen usw. Anschließend werden die Figuren mit Klebestreifen an Wände und Möbel geheftet. So herrscht im Klassenzimmer ein buntes Menschentreiben.

Willkommen, lieber Freund

Das Kind, das heute gefeiert wird, ist der König bzw. die Königin. Es sitzt mit geschlossenen Augen auf seinem Thron und empfängt hier seine Gäste. Jeder Gast wird einzeln zum Thron geführt, wo ihn der König begrüßt und mit zwei Fliegenklatschen in den Händen abtastet. Na, kann der König seine Untertanen trotzdem erkennen? Wenn das nicht gleich klappt, darf der Neuankömmling mit verstellter Stimme dem König gratulieren. Jetzt müsste der freundliche Untertan aber zu erkennen sein!

Zeichnen Sie ein Mini-Bild, einen Buchstaben oder eine Zahl auf einen selbstklebenden Punkt, z. B. einen Baum, und kleben Sie den Punkt auf einen Ball, den Sie anschließend durchs Klassenzimmer rollen. Wer zuerst erkennt, welches Bild (welcher Buchstabe, welche Zahl) auf dem Ball klebt, darf bestimmen, was als nächstes Bild auf den auf den Ball geklebt wird. Was rollt jetzt durchs Zimmer?

Lümmeln

„Lümmelt" ein Kind plötzlich auf seinem Platz, heißt das nicht, dass ihm der Unterricht keinen Spaß mehr macht, sondern meistens nur, dass es intuitiv seine Wirbelsäule entspannt.

Gut gemacht!

Kinder im Grundschulalter lieben Anerkennung über alles. Wenn ein Schüler etwas besonders gut hinbekommen hat, ist es ein erhebendes Gefühl für das Kind, wenn alle applaudieren und zum Beispiel „Gut gemacht!" rufen.

Der Überraschungs-Nachbar

Auf einem Klassenspiegel werden die Plätze kunterbunt nummeriert. Zusätzlich schreibt man die gleichen Zahlen auf kleine Zettel, faltet sie zusammen und bewahrt sie in einer Schachtel auf. Wenn an einem Schultag die erste Müdigkeit eintritt, verkündet die Lehrerin eine Abwechslung: Jeder Schüler packt seine Sachen zusammen. Danach zieht das erste Kind einen Zettel und nennt der Lehrerin seine Glücksnummer. Der entsprechende Platz wird zuerst auf dem Klassenspiegel, dann im Klassenzimmer gesucht. Das Kind setzt sich auf den neuen Platz und wartet gespannt auf seinen neuen Nachbarn, der ihm zugelost wird. Der Schüler, der seinen Platz freigeben musste, darf als nächster ein Los ziehen. So wird weitergemacht, bis jeder Schüler auf einem neuen Platz und neben einem neuen Nachbarn sitzt.
Müdigkeit oder Langeweile sind wie weggeblasen.

Auf dein Wohl!

An einem außergewöhnlichen Tag, an dem ein Kind besonders gefeiert wird, kann die ganze Klasse gemeinsam auf das Wohl dieser Mitschülerin/dieses Mitschülers anstoßen. Dazu wird ein besonderes Getränk zubereitet, das es nur an „Feier"-Tagen gibt, zum Beispiel:
Kakao mit Pfefferminzgeschmack, Erdbeersaft mit Eiswürfeln …

Wir sind eine Klasse

Das Zusammengehörigkeitsgefühl in der Klasse können Sie fördern, indem Sie bestimmte Klassenrituale einführen, z. B.: zu bestimmten Anlässen ein beliebtes Klassenlied singen, zusammen ein besonderes Getränk mixen oder vor der letzten Unterrichtsstunde ein gemeinsamer Spurt um das Schulhaus zurücklegen usw.

Die Jahreszeitengirlande

Viermal im Jahr, zu Beginn einer neuen Jahreszeit, basteln alle zusammen eine Jahreszeitengirlande. Dazu wird im Klassenzimmer ein hübsches Geschenkband gespannt. Dann sammeln alle Schüler gemeinsam Blätter und Blumen, befestigen sie mit Sicherheitsnadeln oder Büroklammern an dem langen Band. Zusätzlich zeichnen die Kinder kleine Bilder von Schmetterlingen, Nikoläusen und was jedem zur neuen Jahreszeit so einfällt, schneiden die Bilder aus und hängen sie ebenfalls mit Sicherheitsnadeln an das Geschenkband.

Die aufgeblasene Klasse

Immer zwei Kinder bewegen sich so, dass ein Luftballon, eingeklemmt zwischen Rücken des Vordermannes und Bauch des Hintermannes nicht zu Boden fällt. Natürlich darf der aufgeblasene Ballon dabei nicht mit den Händen festgehalten werden. Wenn die Kinder ein bisschen Übung im Zwillingsdasein bekommen haben, werden sie zu Drillingen, Vierlingen und zuletzt zu einem langen „Klassen-Luftballonwurm", der mit weiteren Ballons „zusammengeklebt" wird.

Häuptlingstransport

Zwei Gruppen werden gebildet, jede wählt einen der Ihren zum Häuptling. Sobald dann das Startzeichen gegeben wird, muss jede Gruppe ihren König so schnell wie möglich von der Startlinie aus zum Thron tragen, der etwa fünfzig Meter entfernt ist. Wie die tapferen Untertanen das bewerkstelligen, bleibt ihrer Fantasie und Kreativität überlassen. Der Häuptling, der zuerst lebendig auf dem Thron sitzt, applaudiert huldvoll seinen Trägern.

Auf die Schuhe, fertig, los!

Jedes Kind zieht einen Schuh aus und gibt ihn der Lehrerin, die daraus, etwa fünfzig Meter von der Startlinie entfernt, einen Schuhberg errichtet.
Die Kinder stehen auf einem Bein an der Startlinie nebeneinander und warten auf den Startschuss*. Dann hüpfen alle in Richtung Schuhberg, fischen sich dort ihren zweiten Schuh heraus, schlüpfen hinein und sausen zweibeinig zurück zur Ausgangslinie. Wer hier zuerst eintrifft, ist Sieger!

Tipp: *Startschuss: Um das Spiel zu starten, lässt die Lehrerin z. B. eine aufgeblasene Papiertüte platzen.

Was spielen wir jetzt?

Die Namen von vielen, lustigen Spielen werden auf Zettel geschrieben, eng zusammengerollt und in kleine Trinkhalmabschnitte geschoben. So entstehen eine Menge Lose, die man in einem großen Glas oder einem anderen Behälter aufbewahrt. Ein Kind darf ein Los ziehen und den Mitschülern vorlesen, was auf dem Zettel steht, welches Spiel also jetzt gleich gespielt wird.

Die Kicherkiste

Bei einer Kicherkiste handelt es sich rein äußerlich um eine gewöhnliche Schachtel, aber der Inhalt ist sehr ungewöhnlich. Die Schüler legen zum Beispiel Zeitungsausschnitte mit Witzen, Rätseln, lustigen Sprüchen, komischen Bildern und alles mögliche, was sie für lustig erachten, in die Kicherkiste.
Wer mit seiner Arbeit schon fertig ist, darf in der Kiste kramen und kichern.

Gummibären würfeln

Dieses Spiel ist für eine kleine Schülergruppe der ersten Klasse gedacht. Die Kinder sollten alle bis sechs zählen können. Zuerst werden lauter Gummibärchen oder andere Gegenstände (z. B. Muggelsteine) auf einem Tisch aufgereiht. Erste Reihe: ein Gummibärchen. Zweite Reihe: zwei. Dritte Reihe: drei … Nach der sechsten Reihe wird das Prinzip umgekehrt. Siebte Reihe: sechs Gummibärchen. Achte: fünf … Alles fertig? Dann geht's jetzt los! Wer eine Eins wirft, löst eine Einserreihe auf. Wer eine Zwei wirft steckt sich die Bären einer Zweierreihe in die Hosentasche oder gleich in den Mund usw.
Achtung: Wer eine Zahl wirft, zu der es keine passende Bärenreihe mehr gibt, hat leider Pech gehabt und wartet, bis er wieder an der Reihe ist.

Die Igeltüte

Eine kleine, durchsichtige Plastiktüte wird mit Wasser gefüllt und fest verknotet. Jedes Kind, das sich traut, bohrt jetzt einen seiner Buntstifte in die Tüte, sodass ein Teil des Stiftes im Wasser steckt und der andere Teil aus der Tüte herausschaut. Wenn das viele Kinder machen, sieht das nicht nur lustig aus, es ist auch verblüffend, dass kein Wasser ausläuft.

Warum? Die Stifte wirken wie Stöpsel, die die Löcher verschließen. Das Material der Tüte schließt die Löcher rundherum wasserdicht ab.

Vertrauen ist gut

Einem Schüler zu passender Gelegenheit „Ich vertraue dir!" zu sagen, kann kleine Wunder bewirken. Denn die Kinder fühlen sich nicht nur in ihrem Selbstwert bestärkt, sondern auch motiviert Dinge anzugehen.

Das superspannende Würfelturnier

Dieses Mathespiel ist für eine kleine Gruppe von Schülern gedacht, die schon bis hundert zählen können. Zwei Würfel, ein Zettel und ein Stift – und schon kann das Würfelturnier beginnen. Die Spieler sitzen im Kreis um einen Tisch herum. Der erste Spieler nimmt einen Würfel, würfelt damit und reicht ihn an seinen linken Nachbarn weiter. So wandert der Würfel immer wieder im Kreis herum, bis eine Sechs fällt. Wer die Sechs gewürfelt hat, schnappt sich augenblicklich den zweiten Würfel und würfelt jetzt nacheinander so schnell wie möglich, addiert aber dabei stets die Augen und nennt seine Zwischenergebnisse laut, damit die Mitspieler auch kontrollieren können, ob alles seine Richtigkeit hat. Währenddessen würfeln die übrigen Spieler aber mit dem ersten Würfel weiter. Die Spielzeit für den einen Spieler ist vorbei, sobald er sich verrechnet hat oder sobald ein anderer Spieler eine Sechs würfelt. Das Ergebnis des Spielers wird notiert und der zweite Spieler, der eine Sechs gewürfelt hat ist an der Reihe. Das kann natürlich auch wieder der gleiche Spieler sein. Wer zuerst 100 (50) Punkte erreicht, gewinnt.

Die Erlebnisstraße für kleine Barfüße

Zwischen zwei markanten Stellen im Pausenhof, zum Beispiel Mauern oder Bäumen, wird eine Erlebnisstraße für die Füße aufgebaut. Die Straße sollte etwa 10 bis 20 Meter lang sein. Das erste Kind stellt sich barfuß und mit verbundenen Augen an den Start. Einige Mitschüler legen nun etwa 10 verschiedene Gegenstände auf die Straße. Diese Gegenstände gilt es nun mit den Füßen aufzuspüren und dann vorsichtig zu ertasten, um was es sich dabei handelt. Geeignet wäre zum Beispiel ein Handbesen, eine Kartoffel, ein großer Schlüssel, ein Telefonbuch, ein hölzerner Kochlöffel usw. Ist das erste Kind beim dritten Gegenstand angekommen, darf schon der Nächste starten. Wer am Ende der Straße angelangt ist, nennt der Lehrerin schnell alle Dinge, die ertastet wurden und an die er oder sie sich jetzt noch erinnern kann.
Achtung: Gegenstände immer wieder austauschen!

Dieses spannende Spiel eignet sich am besten für Kindergruppen der 2. Klasse, weil man da wunderbar das Addieren im Zahlenraum bis 50 trainiert.
Zum Spielen braucht man etwas Platz, idealerweise einen langen Schulhausflur, neun leere Streichholzschachteln und einen kleinen, harten Ball oder eine große Murmel.
Vor dem Spiel wird jeweils eine Seite der Streichholzschubfächer mit den Zahlen von 1 bis 9 beschriftet. Wer will, kann die Schachteln zusätzlich mit buntem Papier bekleben. Dann werden die „Schachtelkegel" hochkant, eng nebeneinander auf einer Seite des Raums aufgestellt. Ein Kind beginnt und rollt den Ball von der Startlinie aus in Richtung der „Kegel". Die Summe der Zahlen auf den umgefallenen Streichholzschachteln wird ermittelt und dem Kind gutgeschrieben. Die „Kegel" werden wieder aufgestellt. Dann kommt der nächste Mitspieler an die Reihe. Nach drei Kegelrunden werden die Endsummen ermittelt. Das Kind mit dem höchsten Ergebnis hat gewonnen.
Neben Geschicklichkeit ist hier auch das Glück im Spiel. Ein schlechter Kegler kann, wenn er die richtigen Kegel trifft, durchaus Sieger des „Schachtelkegelns" werden.

Versteinerte Schüler

Ein Schüler wird ausgewählt, der sich mitten ins Klassenzimmer stellt und dort wie eine Marmorsäule unbeweglich und regungslos eine bestimmte Zeit verharrt. Die Mitschüler geben sich alle erdenkliche Mühe, den versteinerten Mitschüler zu einem Lächeln oder wenigstens zum Verziehen seiner steinernen Miene zu bringen. Sie hampeln um ihn herum, erzählen die tollsten Witze, ziehen die lustigsten Grimassen und was ihnen sonst noch einfällt, um den versteinerten Mitschüler aus der Reserve zu locken. Wer es schafft, die Versteinerung zu durchbrechen, darf als Nächster (oder am nächsten Tag) versteinern.

Schüttelfrost

Eine seltsame Krankheit hat die Schüler befallen: Schüttelfrost!
Alle Kinder stehen auf, schütteln ihre Hände, dann die Arme, die Beine, die Schultern, den Kopf und was sich sonst noch so alles schütteln lässt. Weil das nicht nur wohltuend entspannt, sondern auch noch total lustig aussieht, herrscht auch gleich gute Laune im Klassenzimmer.
Man kann auch einen Schüler, der besonderer Aufmerksamkeit bedarf, seinen Schüttelfrost demonstrieren lassen. Die Mitschüler schütteln sich dann entsprechend der Bewegungen des Vorbildes.

Kleines Papierblumenwunder

Aus einem Stück Papier wird eine Blüte ausgeschnitten, die ungefähr so groß ist wie ein Handteller. Jetzt faltet man alle Blütenblätter fest nach innen und legt die Papierblüte in eine Schale mit Wasser. Nach kurzer Zeit beginnt die Blüte ihre Blätter zu öffnen und alle Kinder staunen über das Aufblühen der Papierpflanze.

Tipp: Ein schönes, ruhiges Experiment, mit dem man überdrehte Kinder schnell zur Ruhe bringt.

Das Lob

Vergessen Sie nicht die Zauberkraft eines Lobes!
Ein Lob, das ehrlich gemeint ist, spontan oder gezielt von einer geschätzten Person, wie der Lehrerin gegeben wird, ist ein sehr gutes Mittel zur Motivation. Ein Lob ist wie ein Kompliment, es macht glücklich, bestärkt und wirkt positiv auf das Selbstwertgefühl. Loben kann man eigentlich gar nicht oft genug. Trotzdem sollte man sich davor hüten, nicht zu inflationär damit umzugehen. Das Lob muss der Tat oder der Situation angemessen sein und immer individuell gegeben werden.

Tierische Gesänge

Singen hilft beinahe in jeder Lebenssituation und es wirkt Wunder gegen aufkeimende Aggressionen.

Erlauben Sie den Schülern zuerst ein allseits bekanntes Lied aus Herzenslust in einer frei gewählten Tierstimme zu bellen, quaken, blöken und was es da sonst noch für Möglichkeiten gibt.

Haben sich alle königlich darüber amüsiert, versuchen alle das Lied in einer gemeinsamen Sprache vorzutragen, beispielsweise heulen alle die Melodie wie Gespenster. Schließlich wird das Lied (oder ein anderes) mit dem richtigen Text zunächst sehr laut, dann in Zimmerlautstärke und ganz zuletzt sehr leise gesungen.

Flagge zeigen

Bei besonderen Anlässen kann eine bunte, selbst gebastelte Fahne aufgehängt werden, die weit sichtbar verkündet, dass in einer Klasse etwas ganz Besonderes los ist. Beispielsweise ein Geburtstag gefeiert wird, ein Kind, das lange Zeit krank war, wieder da ist, oder dass eine Klasse den neuen Spitzen-Torjäger des örtlichen Fußballclubs beherbergt.

Der faule Münzenturm

Kinder zum Staunen bringen, ist auch für Lehrerinnen immer wieder ein Highlight. Fünf Euromünzen werden auf einem Tisch zu einem Turm aufeinandergestapelt. Nun legt man eine weitere Münze etwa 20 Zentimeter entfernt ebenfalls auf den Tisch und schnippt sie mit Daumen und Zeigefinger gegen den Turm. Erstaunlich, was hier passiert. Der Turm bleibt stehen, als sei nichts gewesen. Die geschnippte Münze aber hat die unterste Turmmünze wegkatapultiert und sich nun selbst an ihre Stelle geschoben.

Warum ist das so?

Jeder Körper hat eine träge Masse, das heißt, der Körper möchte in dem Zustand bleiben, in dem er sich gerade befindet. Da nur die unterste Münze durch die Wucht weggeschlagen wird, bleiben die anderen wegen ihrer Trägheit stehen.

Tipp: Vor der Vorstellung im Klassenzimmer zu Hause üben.

Papierball-Schlacht

Veranstalten Sie eine Papierball-Schlacht im Klassenzimmer! So eine Papierball-Schlacht ist sehr begehrt. Heben Sie sich dieses Spiel auf, für eine Situation, in der die Kinder unbedingt ihren angestauten Bewegungsdrang loswerden müssen, zum Beispiel nach einem Test.

Zuerst knüllen die Schüler einzelne Blätter aus Altpapier zu einem festen Papierball. Dann dürfen die Papierbälle nach Herzenslust durchs Klassenzimmer geballert werden. Ist die erste überschüssige Energie verbraucht, werden die Bälle wieder eingesammelt und von den Schülern, von ihren Plätzen aus in den Papierkorb geworfen.

Meisterschaft im Schwergewicht

Die Lehrerin stellt von jedem Schüler das Gewicht fest und notiert Name und Gewicht auf einem Zettel. Dann erklärt sie: Alle haben jetzt fünf Minuten Zeit, sich so schwer wie möglich zu machen. Danach wird jedes Kind noch einmal gewogen und festgestellt, wer am meisten Gewicht zugelegt hat. Wie das Gewicht erhöht wird, ist ganz egal. Einer tritt vielleicht mit einem Packen Bücher zum zweiten Wiegen an. Ein anderer klemmt sich links und rechts je einen Blumentopf unter den Arm. Wie auch immer: Wer die höchste Last aufgenommen hat, gewinnt.

Ein kleiner Handspiegel wird in ein Glas mit Wasser gelegt. Nun stellt man das Glas so aufs Fensterbrett, dass das Sonnenlicht auf den Spiegel scheint. Manchmal muss man das Glas noch ein bisschen verrücken, bis an einer Wand im Klassenzimmer der Regenbogen zu sehen ist.

Alle Indianer erheben sich von ihren Plätzen und schleichen gemeinsam mit ihrem Häuptling aus dem Klassenzimmer, den Gang entlang, die Treppe hinunter, an allen feindlichen Indianerstämmen vorbei hinaus aus dem Schulhaus und versammeln sich mucksmäuschenstill im Pausenhof.

Sonnenlicht

Sonnenlicht ist der ideale Energiespender. Es lohnt sich mit den Schülern in die Sonne zu gehen, wann immer sich die Gelegenheit dazu bietet, auch wenn es nur ein paar Minuten sind.

Der Spuk mit der Zauber-Vier

Ein Zauberspiel für Kinder der 4. Klasse.
Zuerst schreibt jedes Kind eine beliebige Zauberzahl als Wort auf, z. B.: „zweitausendsiebenhundertelf" und zählt die Buchstaben der Zahl. Nun schreibt es auch diese Zahl wieder als Wort, in diesem Falle also „siebenundzwanzig", zählt erneut die Buchstaben und schreibt diese wieder als Zahlwort nieder: „sechzehn". Das Ganze gleich noch mal: „acht", und ganz zuletzt erhält man die Endzahl „vier". Hier endet der Spuk, weil man, führte man das Spiel fort, immer wieder „vier" erhalten würde.
Gilt der Zauber auch für alle Zahlen? Das probieren wir jetzt gleich aus!

Sport ist langfristig gesehen die beste Möglichkeit, aufgestaute Aggressionen abzubauen bzw. dem Bewegungsdrang der Kinder entgegenzukommen.
Sport mit der ganzen Klasse macht noch mehr Spaß und stärkt darüber hinaus auch das Sozialverhalten.
Seilspringen:
Jedes Kind bekommt ein Springseil und schon kann der Spaß beginnen:
z. B. stellen sich alle draußen vor der Schulhaustür hintereinander auf und springen einmal ums Schulhaus herum oder alle hüpfen nur auf einem Bein.
Ballspiele:
Jedes Ballspiel, ganz egal ob Fußball, Tischtennis oder „Ball über die Schnur" wird gleich noch viel lustiger und spannender, wenn man es mit zwei Bällen oder mit „falschen" Bällen spielt, z. B.: Fußball mit einem Tischtennisbällchen.

Der Überraschungsgast

Laden Sie einen Ehrengast ein, der von seiner Arbeit erzählt oder der seine besonderen Fähigkeiten vorstellt.
Für die Kinder ist es besonders spannend, wenn plötzlich der Feuerwehrhauptmann, die geliebte Erzieherin aus dem Kindergarten, ein Zauberer, ein bekannter Fußballer oder gar der Nikolaus zu Besuch kommt.

Lob und Tadel

Loben Sie laut und tadeln Sie – wenn überhaupt – ganz leise und niemals öffentlich!

Mit Zahlen kann man zaubern. Besonders leicht geht das bei diesem Spiel. Egal mit welchen Zahlen man es durchführt, das Ergebnis bleibt stets 1 089.
Die Schüler werden aufgefordert, eine beliebige dreistellige Zahl aufzuschreiben. Einzige Bedingung: Sie muss aus drei verschiedenen Zahlen ohne die Zahl 0 bestehen.
Nun sollen sie die Zahl von hinten nach vorne aufschreiben und dann die kleinere von der größeren abziehen.
Beispiel: Catrin hat zuerst die Zahl 568 notiert. Umgedreht heißt die Zahl 865.
Die zweite Zahl ist größer als die erste, darum rechnet Catrin jetzt:
865 – 568 = 297
Dieses Ergebnis soll nun rückwärts addiert werden, also: 297 + 792 = 1 089
Erstaunlich: Egal welche Zahlen die Schüler genommen haben, das Ergebnis ist das gleiche.

Anmerkung:
Wie bei vielen anderen Regeln gibt es auch bei dieser Regel eine Ausnahme: Ist nämlich der Unterschied der Zahlen im ersten Schritt gleich 99, so funktioniert der Zahlenzauber nicht!

Knusper-Orden

Diese knusprige Überraschung ist wirklich sehr schnell hergestellt und dabei ein toller Anblick.

Auf einen großen Butterkeks schreibt man mit Zuckerschrift den Namen des Kindes und den Anlass der Überraschung, z. B.: „Super-Sportler", „Mathe-Genie" …

Zusätzlich kann man den Keks noch verzieren und schließlich auf einem kleinen Pappteller servieren.

Tanzende Stifte

Jeder Schüler braucht zwei gleich lange (besser: zwei gleich kurze) Stifte und einen dicken Gummiring. Die beiden Stifte werden nebeneinandergestellt und mit dem dicken Gummiring verbunden. Dann hält man einen Stift in der linken Hand, nimmt den anderen in die rechte und dreht ihn auf, solange es der Gummiring zulässt. Und jetzt wird es spannend! Jedes Kind hält sein Gebilde ein paar Zentimeter über dem Boden und lässt es plötzlich los: Eine tolle Sache! Die Gummimonster hopsen über den Boden, und zwar so lange, bis sich die Gummiringe wieder zurückgedreht haben.

Waldgeschichten

Ein tolles Erlebnis für Grundschulkinder: Mitten im Wald, eng nebeneinander auf Moospolstern sitzen und einer spannenden Geschichte lauschen, die von der Lehrerin vorgelesen wird.

Ende gut, alles gut

So wie der Schultag endet, wird er den Kindern in Erinnerung bleiben und sie für den nächsten Schultag motivieren. Darum ist es empfehlenswert den Unterricht immer ein paar Minuten früher zu beenden, damit noch Zeit bleibt, um all die „Highlights" des Tages aufzuzählen.

Kleines Farbwunder

Ein Glas mit Wasser, ein paar Tropfen Lebensmittelfarbe oder Tinte und ein Stangensellerie werden für dieses Experiment gebraucht. Zuerst färbt man das Wasser mit der Farbe und stellt danach die frisch angeschnittene Pflanze hinein. So steht die Pflanze, für alle Kinder gut sichtbar auf dem Pult oder auf dem Fensterbrett. Nun heißt es, ein bisschen Geduld haben. Nach kurzer Zeit beginnt sich die Pflanze zu verfärben.
Was ist passiert? Die Pflanze transportiert das Wasser den Stiel hinauf bis in die letzte Blattspitze. Die Farbe bleibt in den Pflanzenfasern und färbt diese entsprechend.

Tipps:

- Anstelle von Stangensellerie eignen sich besonders weiße Blumen, wie Tulpen oder Alpenveilchen, sehr gut für dieses Experiment.
- Wer will, kann den Stiel vorsichtig der Länge nach halbieren und jede Hälfte in ein anders gefärbtes Wasser stellen.

Auf die Plätze, fertig, los!

Eine Stoppuhr im Klassenzimmer ist ein vortrefflicher Muntermacher!
Hier ein paar Anregungen zum Warmwerden:
Wer kann das Alphabet oder das Einmaleins mit 7 am schnellsten rückwärts aufsagen?
Wie lange brauchen wir, um das Wort „oft" („heute", „langsam" ...) im Lesebuch zu finden?
Wie lange braucht die Klasse, bis jeder im Lesebuch die Seite 133 gefunden hat?

Der Detektiv verlässt den Raum. Alle Mitspieler überlegen, welchen Gegenstand er suchen soll, z.B. ein bestimmtes Buch im Regal, eine Blumenvase, die Haarklammer von Lisa … Dann verdunkeln die Spieler das Zimmer und rufen den Detektiv zurück in den Raum. Der knipst seine Taschenlampe an und beginnt mit der Suche. Leider weiß der Detektiv nicht, was er eigentlich suchen soll. Die Mitspieler aber leiten ihn zu dem Gegenstand, indem sie mehr oder weniger laut summen, je näher der Lichtkegel dem gesuchten Gegenstand kommt. Hat der Detektiv schließlich das Rätsel gelöst und laut und deutlich den Namen des Gegenstandes genannt, z.B. „der Kerzenständer", darf er einen Nachfolger bestimmen, der als neuer Detektiv das Zimmer verlässt.

Das tierische Abschiedslied

Jedes Kind überlegt sich ein Tier, das einen deutlichen Laut von sich gibt, z. B. eine Kuh, die muht oder ein Schaf, das blökt. Als Besonderheit darf sich am Ende der Schulwoche ein Kind von den Mitschülern ein Lied wünschen. Natürlich wählt es eines aus, das auch wirklich jeder kennt, z. B. „Hänschen klein". Das Kind gibt das Startzeichen und sofort singen alle – ein jeder in der gewählten Tiersprache – dieses Lied. Also wird ein Kind „Hänschen klein" quaken, ein anderes wird das Lied bellen usw. Ein Höllenspektakel, dieser tierische Gesang – aber sehr lustig für Sänger und Zuhörer.

Auf dem Tisch liegen entweder lauter Buchstabensteine aus einem Scrabble-Spiel oder selbst beschriebene Buchstabenzettel – mit der Beschriftung nach unten. Nun dreht ein Schüler einen beliebigen Buchstabenstein oder Buchstabenzettel um und liest laut den Buchstaben vor, z.B. „K". Gleichzeitig drückt ein Mitspieler auf die Stoppuhr und ruft: „Los!" Jetzt nennt der Schüler in Windeseile möglichst viele Wörter, die mit seinem Buchstaben beginnen. In unserem Fall also z.B. „kurz, kaum, Katze, Kamin …" Die Mitspieler zählen die Begriffe mit und achten darauf, dass keine Doppelnennungen vorkommen. Nach 30 Sekunden bricht die Lehrerin ab und notiert die erreichte Wörterzahl neben dem Namen des Schülers. Dann darf der nächste Spieler einen Buchstabenzettel umdrehen und sein Glück probieren.

Einer kommt durch

Alle Schüler sitzen im Kreis und geben einen Ball (Federmäppchen, Mütze, Blumentopf ...) schnell von Spieler zu Spieler weiter. Ein Kind aber steht etwas abseits mit dem Rücken zu den Mitschülern und ruft, wann immer es will: „Halt!" Der Spieler, der in diesem Moment den Gegenstand in der Hand hält, scheidet aus. So wird weitergespielt, bis nur noch ein Kind als Sieger übrig bleibt. Sehr spannend!

Musik macht bekanntlich auch den traurigsten Regentag wieder viel fröhlicher. Ganz besonders lustig wird es, wenn sich alle Schüler zwar auf ein gemeinsames Lied einigen, es aber gleichzeitig in unterschiedlichen Tiersprachen singen. Da kann die Melodie gequakt, gebellt, gesummt, gemuht, gewiehert … werden.

Singen befreit

Singen entspannt, macht fröhlich, unterstützt den Gemeinschaftssinn und hilft aggressiven Kindern besonders, wenn sie zum Beispiel den Takt auf Orff-Instrumenten oder selbst gebauten Instrumenten klopfen, schlagen oder mitrasseln dürfen.

Musikgenuss

Kein Hochgenuss für musikalische Menschen, aber ein Riesenspaß für alle Kinder entsteht so:

Jedes Kind überlegt sich ein Lied, das es gut singen kann. Dann gibt die Lehrerin das Startzeichen und alle Schüler singen laut und deutlich ihre Lieder. Wer sein Lied die längste Zeit durchhält, gewinnt den Gesangswettbewerb.

Ich bin okay

Wer ein bisschen Anerkennung braucht, kann sich auch mal lobend auf die eigene Schulter klopfen oder die Arme um sich selbst schlingen und sich ganz fest drücken.

Musikalisches Wettwürfeln

Maximal sechs Kinder sitzen um einen Tisch herum. Ein Schüler bekommt einen Würfel und darf nun so oft wie möglich hintereinander würfeln, während die Mitspieler gemeinsam „Alle meine Entchen" singen. Alle Sechsen, die das Kind in dieser Zeit würfelt, werden gezählt und am Ende als Pluspunkte gutgeschrieben. So ist nacheinander jeder einmal mit Würfeln an der Reihe. Es gewinnt, wer am Ende die höchste Punktzahl hat.

Rutschpappe-Wettwackeln

Für dieses Spiel braucht man etwas Platz. Jedes Kind setzt ich auf ein Stück Pappe (zum Beispiel auf den Rücken eines alten Zeichenblocks). Jeweils fünf Kinder setzen sich nebeneinander. Wenn das Startzeichen gegeben wird, wackelt oder rutscht jeder so schnell es geht zur gegenüberliegenden Wand. Natürlich darf man während des Wettwackelns seine Unterlage nicht verlassen. Wer zuerst im Ziel ist, wird Gruppensieger und spielt am Ende noch einmal gegen die Sieger der anderen Gruppen.

Die Anti-Schnupfen-Dose

Ein Fotodöschen oder ein anderes Behältnis wird mit Watte oder einem Papiertaschentuch ausgestopft, auf das man einige Tropfen Eukalyptusöl tropft.
Wer mit Schnupfen in die Schule kommt, dem wird gleich die Anti-Schnupfen-Dose ausgehändigt. Um den Schnupfen zu beruhigen, kann das Kind die Dose immer wieder einmal öffnen und am heilenden Inhalt schnuppern.

Smile!

Ein Lächeln verzaubert, belebt und macht gute Stimmung. Versuchen Sie ganz bewusst öfter zu lächeln und Sie werden überrascht sein, wie schnell so ein Lächeln wieder zu Ihnen zurückkehrt.

Autogramm-Heft

Jeder Schüler darf für ein einfaches Schulheft einen Umschlag basteln und bunt bemalen (z.B. im Kunstunterricht). So wird aus einem Heft ein individuelles Autogramm-Sammelheft. Unterschreiben dürfen nicht nur Könige, Schauspielerinnen und Fußballspieler, sondern alle, die man gerne hat. Also Mitschüler, die Musiklehrerin, der Hausmeister, die nette Frau im Schreibwarenladen … So ein Autogrammheft füllt sich schneller als man glaubt, besonders, wenn die „Promis" noch zusätzlich etwas hineinschreiben oder hineinmalen.

Das Märchen-Verwurstel-Spiel

Ein echtes Highlight für eine Gruppe aus maximal acht Grundschulkindern. Auf viele kleine Zettelchen werden bestimmte Märchenfiguren notiert. Zum Beispiel: Wolf, 7 Raben, Königstochter, Prinz, Rotkäppchen, Frosch, Zwerg, Aschenputtel … Die Lehrerin faltet die Zettelchen zusammen und steckt sie alle in eine kleine Schachtel. Wer eine besondere Belohnung verdient, darf für jedes Kind ein Zettelchen aus der Schachtel ziehen und verteilen. Die Kinder lesen vor, was auf ihren Zetteln steht und dann geht's auch schon los:
Das Kind benennt einen Mitschüler, der den Anfang einer beliebigen Märchen-Quatschgeschichte erzählen und dabei versuchen soll, den Begriff, der auf seinem Zettel steht, unterzubringen. Sobald ihm dies geglückt ist, legt er seinen Zettel, für alle Kinder sichtbar ab.

Beispiel: „Also da war mal eine kleine, lustige Hexe. Die packte ihren Frosch in die Tasche und ging ins Kino …"

Nun benennt das Kind einen weiteren Mitschüler, der sofort die Geschichte weitererzählen und versuchen soll, sein Zettel-Wort unterzubringen. So geht es weiter, bis alle Kinder einmal an der Reihe waren und alle Zettel-Wörter in die Geschichte eingebaut wurden. Eventuell muss die Lehrerin die Geschichte noch zu Ende erzählen.

Das Schimpfwörter-Abc

Nacheinander darf jedes Kind schimpfen, aber immer brav nach dem Alphabet. Du …

aufgeblasener Ameisenleuchter,
bärbeißiger Betonkopf,
chaotische Cremeschnitte,
dürftiges Doldengewächs,
eingebildete Edelweißechse,
faulpelziger Flitzliputz,
grantiger Gewürzgurkengeier,
hickhackiger Hilfshirsch,
irrwitziges Indianeriglu,
jadegrünes Joghurtmüsli,
klapperiges Kaffeekeks,
luftiger Leichtlutscher,
moosgrünes Milbenmännchen,
nichtsnutziger Notnagel,
oberschlauer Omnibusscheinwerfer,
pappiger Paradiesapfel,
quergestreifte Quarkschnitte,
rutschiges Rehragout,
salzige Serpentinensandale,
tomatenblaue Terpentintante,
ulkige Unterwasserantilope,
verschlafenes Veilchen,
wahnsinniger Waldahorn,
xanthippiges Xylophonklösschen,
Yippie-Yoyo,
zerknautschte Zappelzapfsäule.

Spaziergang für das Gedächtnis

Für das Spiel braucht man einige kleinere Gegenstände, zum Beispiel einen Schlüssel, einen Stift, einen Radiergummi usw.
Ein Kind wird aus dem Raum geschickt. Alle anderen Kinder suchen sich je einen Gegenstand aus, stellen sich in einer Reihe nebeneinander auf und halten ihre Gegenstände zunächst noch hinter ihrem Rücken versteckt. Jetzt wird das Kind ins Zimmer zurückgerufen. Es schlendert langsam an der Reihe der Kinder vorbei. Sie zeigen dem Spaziergänger, sobald er an ihnen vorbeikommt, blitzschnell ihre Gegenstände vor und verstecken sie dann gleich wieder hinter dem Rücken. Und jetzt wird es spannend: Der Spaziergänger begibt sich wieder zurück zum ersten Kind und schreitet die Reihe erneut entlang. Bei jedem Kind soll er nun sagen, welchen Gegenstand dieses Kind ihm gezeigt hat. Danach geht der Spaziergänger noch einmal die Reihe der Kinder ab, die ihre Gegenstände zur Kontrolle vorzeigen. Für jede richtige Angabe erhält der Spaziergänger einen Punkt. Die Punkteanzahl wird für jeden Spaziergänger notiert und so am Ende festgestellt, wer das beste Gedächtnis hat.

Klassenkönig / Klassenkönigin

Für dieses Spiel wird ein Thron benötigt. Dafür kann ein Stuhl z. B. mit einem Tuch bedeckt oder mit Klebesternchen verziert werden.
Ein Kind, das von der Lehrerin ausgewählt wurde, darf als König oder Königin auf dem Thron Platz nehmen. Für diese Rolle kann ein Kind ausgesucht werden, das an diesem Tag etwas mehr Zuwendung und Aufmerksamkeit braucht. Im Laufe der Zeit darf jedes Kind einmal diese privilegierte Rolle einnehmen.
Der König/die Königin darf nun über seine Untertanen bestimmen und sich z. B. ein bestimmtes Lied wünschen oder Witze erzählen lassen. Der König/die Königin kann sein Volk aber auch durch Zuruf in Bäume, Schaukelstühle, brüllende Löwen oder winzig kleine, durchs Klassenzimmer huschende Mäuschen verwandeln.

Der Klassen-Hit

Suchen Sie ein fröhliches Lied aus, das Ihnen und den Kindern besonders gut gefällt und taufen Sie es „Klassen-Hit“. Wann immer es etwas in der Klasse zu feiern gibt, können Sie dieses Lied spielen oder mit den Kindern singen. Zum Beispiel wenn ein Test besonders gut ausgefallen oder wenn ein Kind, das sehr krank war, zum ersten Mal wieder in der Schule ist usw. Sie können die Kinder dazu auch tanzen lassen.

Die Fotoklasse

In ein kleines Fotoalbum oder in ein Heft werden Fotos von allen Schülern und Lehrerinnen geklebt. Außerdem können auch die Fotos von der Sekretärin, dem Hausmeister oder anderen, für die Klasse wichtigen Personen eingefügt werden. Das Album wird dann nach und nach erweitert mit Fotos z. B. von Schulausflügen, Theateraufführungen, Schulfesten usw. Nach Absprache darf jedes Kind das Album einmal übers Wochenende mit nach Hause nehmen, um es den Eltern und Geschwistern zu zeigen. So ein Album ist auch ein prima „Mitnehmsel" für ein Kind, das ins Krankenhaus muss und für längere Zeit nicht in die Schule gehen kann.

Bilder, Karten und Briefe, die Sie im Laufe des Schuljahres von Ihren Schülern bekommen, können in einem eigenen Ordner gesammelt und jedes neue Stück mit den Kindern dazu geheftet werden. Wer zwischendurch ein bisschen Zeit hat, darf sich den Sammelordner aus dem Regal holen, durchblättern, die Briefe lesen und die Bilder bewundern.

Nur die Ruhe!

Kinder brauchen oft länger, um den Inhalt des Gesagten zu verstehen und darauf zu antworten. Seien Sie deshalb geduldig. Oft macht man den Fehler, zu schnell für das Kind zu antworten oder ihm eine Auswahl an vorformulierten Antworten vorzugeben. So braucht das Kind nur noch zu nicken und ist nicht gefordert selbst zu sprechen.

Roboter-Rennen

Die Schüler spielen in drei Gruppen gegeneinander. Ein Kind aus jeder Gruppe spielt einen Roboter. Die drei Roboter stehen nebeneinander und können nicht mehr weiter, weil ihre Batterien leer sind. Alle drei sollen aber so schnell wie möglich bis zu einem Ufo gelangen. So bleibt den anderen Spielern nichts weiter übrig, als ihre Roboter mit viel Geduld zu bewegen: Fuß heben, nach vorne strecken, aufsetzen usw. Die Roboter tun von sich aus gar nichts. Welcher der kraftlosen Gesellen wird das Ufo zuerst erreichen?

Alle Kinder verwandeln sich auf ein Startzeichen in kleine Zappelwesen und zappeln zu fröhlicher Musik mit allen Körperteilen herum. Beine zappeln, Arme zappeln, Schultern und Kopf zappeln, ja sogar der Mund, die Zunge und die Augenlider zappeln. Die Zappelwesen wackeln durchs Klassenzimmer und können sich erst wieder beruhigen, wenn die Musik leiser wird. Schließlich verklingt die Musik ganz und alle Zappelwesen verwandeln sich wieder zurück und sitzen brav auf ihren Plätzen.

Es werde Licht

Licht ist eine wichtige Energiequelle. Darum werden Niedergeschlagenheit und Depressionen oft mit einer Lichttherapie bekämpft.
Im Klassenzimmer kann man Licht schaffen, indem man die Vorhänge und Rollos so weit wie irgend möglich öffnet. Gegenstände auf den Fensterbrettern nehmen ebenfalls Licht weg. Ggf. können stärkere oder zusätzliche Lichtquellen eingesetzt werden.

Ich würde gern mal wer anders sein

Stellen Sie den Kindern immer mal wieder zwischendurch eine Stell-dir-vor-Aufgabe, zum Beispiel:

→ Stell dir vor, du wärst die Mutter von acht Kindern. Wie sieht wohl der Morgen in dieser Familie aus, bis alle Kinder das Haus verlassen haben.

→ Stell dir vor, du wärst obdachlos. Wo würdest du schlafen? Wie würdest du versuchen Geld zu verdienen? Woher nimmst du dein Essen?

→ Stell dir vor, du wärst ein Hund. Welche Vor- und Nachteile hätte dein Hundeleben im Vergleich zu deinem Leben jetzt?

→ Stell dir vor, du wärst Direktor unserer Schule. Welche drei Veränderungen würdest du sofort vornehmen?

→ Stell dir vor, du wärst ein weltberühmter Star. Welche Vor- und Nachteile hätte dieses Leben im Vergleich zu deinem Leben jetzt?

→ Stell dir vor, du könntest die Welt verändern, was würdest du sicherer (stärker, bunter, kleiner, größer …) machen?

→ Stell dir vor, du wärst ein Zauberer und könntest einen Gegenstand lebendig werden lassen? Welchen würdest du wählen?

Rallye im Pausenhof

Kurz vor der großen Pause werden die Schüler in gleich große Gruppen zu je etwa fünf Kindern eingeteilt. Die Lehrerin gibt jedem Gruppensprecher einen Aufgabenzettel, der während der Pause ausgefüllt werden soll. Etwa fünf Fragen bzw. Aufgaben stehen darauf. Zum Beispiel:

1. Welche Schuhgröße hat der Hausmeister?
2. Wie heißen die Omas der Sekretärin mit Vornamen?
3. Lasst so viele Schüler wie möglich auf der Rückseite unterschreiben.
4. Wie heißt das dritte Wort auf dem Schild an der Bank vor dem Eingang?
5. Wie viele Fenster befinden sich im zweiten Stock an der Südseite des Schulhauses?

Nach der Pause werden die Aufgabenzettel eingesammelt, die Ergebnisse besprochen und die Siegergruppe ermittelt.

Vor dem Lesen darf jedes Kind ein „Los" ziehen. Auf den Losen stehen die Namen unterschiedlicher Tiere, Dinge und Wesen geschrieben, z. B.: Hexe, Gespenst, Maus, Frosch, Baby, Rennauto … Hat jedes Kind ein Los bekommen und still für sich festgestellt, mit wessen Stimme es vorlesen soll, wenn es aufgerufen wird, kann der Vorlesespaß beginnen.
Nachdem ein Kind „gelesen hat", raten die Mitschüler, wessen Stimme sie da gerade gehört haben.

Die Nase meines Onkels

Bei diesem Spiel dürfen alle lachen, nur das Kind nicht, das gerade an der Reihe ist, die ihm gestellten Fragen zu beantworten. Es muss immer die gleiche Antwort geben, z. B. „Die Nase meines Onkels“. Die Lehrerin fragt ein Kind: „Was hast du heute früh gegessen?“ Das Kind antwortet: „Die Nase meines Onkels.“ „Was liegt unter deinem Bett?“ Antwort: „Die Nase meines Onkels“ usw. Rutscht dem / der Befragten doch mal ein Lacher raus, ist das nächste Kind an der Reihe, die Fragen zu beantworten. Ein anderes Mal heißt die vorgegebene Antwort beispielsweise: „Eine mit warmem Vanillepudding gefüllte Wärmflasche.“ „Was schenkst du deinem Papa zu Weihnachten?“ Antwort: „Eine mit warmem Vanillepudding gefüllte Wärmflasche.“ „Was hast du im Sportunterricht immer dabei?“ …

Weg versteckt!

Ein besonders kleines Kuscheltier (o. Ä.), das alle Schüler kennen, wird von der Lehrerin im Klassenzimmer versteckt, bevor die Schüler ankommen. Wer das Tierchen findet, versteckt es heimlich an einem anderen Ort und wer es dort als Erster erspäht, sucht das nächste Versteck aus. Dabei wird über das Finden und Verstecken kein Wort verloren. So macht das Tierchen eine ausgiebige Rundreise durchs ganze Klassenzimmer, sitzt einmal auf dem Computerbildschirm, einmal in der Seifenschale am Waschbecken und danach hinter dem Blumentopf usw.

Überraschungsluftballons

Überraschungsluftballons sind vor allem für den ersten Schultag nach den Ferien geeignet. Sie brauchen pro Kind einen Luftballon und dünne Schnur.
Bevor die Ballons aufgeblasen werden, steckt man in jeden eine klitzekleine Überraschung, zum Beispiel eine Murmel, einen Würfel, ein Mini-Spielzeugauto, einen Sticker, einen Gutschein usw. Die Gegenstände sollten klein, begehrt und so stumpf sein, dass sie den Ballon nicht zum Platzen bringen können.
An alle aufgeblasenen und zugeknoteten Ballons wird ein Stück Schnur von etwa einem Meter Länge befestigt. Dann bindet man alle Ballons zu einer Traube zusammen und verstaut sie in einer Ecke des Klassenzimmers.
Am Ende des ersten Schultages darf jedes Kind einen Ballon mit nach Hause nehmen.

Hinterher!

Ein Kind wird zum Häuptling ernannt. Es ruft laut: „Hinterher!“ und alle Mitspieler folgen dem Ruf. Sie laufen, krabbeln, springen oder schlängeln sich hinter dem Häuptling her – genauso, wie der es vormacht. Der Weg führt z. B. über Hindernisse hinweg, darum herum oder darunter durch, zu einem bestimmten Ort und wieder zurück usw. bis alle erst mal verschnaufen müssen. Ganz schön anstrengend! Aber da ruft schon der zweite Spieler „Hinterher“, und die Kinderschlange setzt sich erneut in Bewegung. So wird weitergekrabbelt, gehüpft und gerobbt, bis sich alle Kinder so richtig ausgetobt haben.

Schatzsuche

Fünfzig Eincentmünzen werden im Klassenzimmer versteckt.
Jeder Schatzsucher der fündig wird, darf seine Beute behalten. Die Suche ist aber erst zu Ende, wenn tatsächlich alle fünfzig Münzen entdeckt wurden. Da heißt es immer wieder zählen und addieren!

Tipp: Auch ausländische Münzen sind für alle Schatzsucher interessante und sehr beliebte Fundstücke.

Treppenwürfeln

Dieses Spiel ist vor allem für eine kleine Gruppe Erstklässler geeignet.
Alle Spieler stehen vor der untersten Treppenstufe und jeder hält einen Würfel in der Hand. Nacheinander darf jetzt jedes Kind einmal würfeln. Das Kind, das die höchste Zahl hat, steigt eine Treppenstufe hinauf. Haben zufällig zwei oder mehr Spieler gleichzeitig die höchste Zahl, so dürfen diese eine Treppenstufe nach oben. Es gewinnt, wer sich zuerst die Treppe hinaufgewürfelt hat.

Die Klimperkiste

Für das Schätzspiel werden in eine leere Streichholzschachtel einige Eincentmünzen gelegt. Ein Kind nach dem anderen darf die Mini-Schatzkiste in die Hand nehmen, ihr Gewicht abschätzen, mit den Münzen in der Schachtel klappern und dann seinen Tipp aufschreiben, um welchen Gesamtwert es sich bei dem Schatz handelt. Und dann wird's spannend: Die Klimperkiste wird geöffnet und alle Kinder zählen gemeinsam, wie viel Geld sich darin befindet. Jetzt wird der tatsächliche Wert mit den geschätzten Werten verglichen.

Ohrenraten

Zuerst geht es darum, dass jeder die Ohren aller Mitspieler ganz genau betrachtet und wenn es das Kind erlaubt, auch betasten darf. Dann werden einem Kind die Augen verbunden. Die Lehrerin wählt nun einen Mitspieler aus, der sich vor den „Blinden" stellt. Das „blinde" Kind tastet die Ohren des Mitspielers ab und soll erraten, um wen es sich dabei handelt. Leicht ist das nicht! Falls der „Ohrenträger" nicht erraten wird, darf das „blinde" Kind ihn auffordern, mit verstellter Stimme ein langes Wort zu sagen, zum Beispiel „Pumpernickelpudding". So wird das Erraten einfacher. Außer den Ohren kann man auch die Hände oder die Nasen erraten lassen.

Die „Lüftl"-Maler

Auf die Unterseite der Sitzflächen der Stühle wird mit Klebstreifen je ein Zeichenblatt befestigt. Dann nimmt sich jedes Kind einen Buntstift und legt sich mit dem Oberkörper unter seinen Stuhl. Jeder Künstler überlegt sich ein beliebiges Motiv, zum Beispiel „Saurier bei Sonnenuntergang". Die Kinder beginnen zu malen, sobald Musik ertönt. Nach einer bestimmten Zeit bricht die Musik ab. Ein Zeichen für die Maler, den Arbeitsplatz und damit auch das Bild zu wechseln. Die Musik ertönt von neuem und die Künstler malen am Bild, unter dem Stuhl des Nachbarn weiter. So wird gemalt und gemalt, bis jeder Künstler an jedem Kunstwerk zu Gange war. Dann werden die Gemälde abgenommen, nebeneinander ausgelegt und von allen Künstlern bewundert. Toll, was da für interessante Kunstwerke entstehen!

Monsterparade

Eine Monsterparade ist ein toller Spaß für alle Grundschulkinder, besonders wenn sie nicht in der Faschingszeit stattfindet.
Die Lehrerin bringt einen Wäschekorb gefüllt mit verschiedenen Kleidungsstücken, Schuhen, Hüten, Gürteln, Brillen, Mützen, Tüchern, ggf. auch Faschingsutensilien mit. Kurz vor der großen Pause beginnt das Verkleiden, wobei die Kostüme möglichst lustig aussehen sollen.
Sind alle Monster fertig angezogen, geht's ab in die Pause.

Gleich große, leere Plastikflaschen werden mit Bildern von verschiedenen Tieren beklebt (z. B. aus Illustrierten oder selbst gemalte Bilder). Bei der Auswahl der Tiere ist darauf zu achten, dass man solche wählt, deren Laute allen Schülern bekannt sind, also z. B. ein Frosch, eine Katze, einen Hund, eine Kuh usw. Die Flaschen werden im Freien so nebeneinander aufgestellt, dass die Spieler, die etwa fünf bis zehn Meter entfernt sind, die Tierbilder gut sehen können. Jetzt kann der Spaß beginnen: Der erste Spieler bekommt einen Ball und rollt ihn gegen die Flaschen. Je nachdem, welche umfällt, beginnen die Mitspieler sofort in ein heilloses Miauen, Quaken, Bellen, Muhen etc. auszubrechen. Fallen mehrere Flaschen um, müssen natürlich auch mehrere Laute gepiepst, gebrüllt oder gemeckert werden. Dann werden die Flaschen wieder aufgestellt und der nächste Kegler ist an der Reihe.

Geblinzelte Kettenlieder

Alle Kinder sitzen im Kreis. Ein Kind wird ausgewählt, das ein Lied anstimmt, welches alle kennen. Die übrigen Kinder müssen genau aufpassen und am besten in Gedanken still mitsingen, denn irgendwann soll der Sänger einem Mitschüler zublinzeln, der dann das Lied möglichst sofort weitersingt. Dieser wiederum soll nach einer Weile einem weiteren Mitschüler zublinzeln, der dann das Lied fortsetzt usw. Ist das Lied zu Ende gesungen, darf derjenige, der gerade an der Reihe ist, gleich ein weiteres Lied anstimmen.

Überraschung in der Pause

Ein Komplott wird geschmiedet. Die Schüler sollen in der großen Pause, wie gewöhnlich, umhergehen. Dabei müssen sie aber immer, möglichst unauffällig, auf ihre Lehrerin achten. Sobald die nämlich ein bestimmtes Zeichen gibt, z. B. wickelt sie sich einen Schal um den Hals, bleiben alle Schüler der Klasse wie angewurzelt stehen und rühren sich nicht mehr. Das erregt ziemlich bald das Aufsehen der übrigen Schüler. Was ist da los? Die versteinerten Schüler lassen sich aber nicht aus der Ruhe bringen, bis die Lehrerin, nach einer gewissen Zeit, erneut ein vereinbartes Zeichen gibt, z. B. ihren Schal wieder abnimmt. Dann soll ein Kind nach dem anderen wieder ganz normal weiter herumspazieren, als wäre nichts gewesen. Ein tolles Erlebnis für die Klassengemeinschaft! Sprechen Sie in der nächsten Stunde mit den Kindern über ihre Erfahrungen. Wie haben die anderen Schüler reagiert? Wie haben sie selbst das Erlebnis empfunden?

Ein Kompliment kommt selten allein

Mit den Schülern wird vereinbart, in einem bestimmten Zeitraum ganz besonders darauf zu achten, Komplimente zu machen. Die Wirkung ist für die Klassengemeinschaft verblüffend: Wie durch Zauberhand verbreitet sich harmonische, kameradschaftliche Stimmung.
Am Ende des Unterrichts können die Schüler berichten, von wem und warum sie ein Kompliment bekommen haben bzw. wem sie selbst ein Kompliment gemacht haben und wie es ihnen dabei ergangen ist.

Ein Spiel für eine Gruppe von etwa sechs Schülern. Auf dem Tisch liegen mehrere Memo-Kärtchen mit der Bildseite nach oben. Jedes Motiv darf nur einmal vorhanden sein! Die Schüler sitzen um den Tisch, jedes Kind hat eine Fliegenklatsche oder ein langes Lineal in der Hand. Die Lehrerin nennt nun einen Begriff, der auf einem der Kärtchen zu sehen ist, z.B. „Das Gespenst". Wer zuerst mit seiner Fliegenklatsche auf die passende Karte schlägt, darf sie an sich nehmen. Es gewinnt, wer am Ende die meisten Kärtchen erbeutet hat.

Tipp: Ein Spiel, bei dem Kinder sehr schnell ihren Wortschatz erweitern.

Applaus!

Wer ein dickes Lob verdient, z.B. durch soziale Verdienste, strahlt gleich noch viel mehr, wenn die Mitschüler dies mit Applaus belohnen. Fordern Sie die Schüler ab und zu auf, einem Mitschüler zu applaudieren. Nach kurzer Zeit geht das ganz automatisch.

Die „Wall of Fame"

Erfolg macht glücklich, mutig und selbstbewusst. Fangen Sie möglichst viele Erfolgserlebnisse der Schüler mit dem Fotoapparat ein und hängen Sie die Bilder im Klassenzimmer auf. Das kann ein Foto von einem strahlenden Kind sein, das den besten Aufsatz geschrieben hat oder ein Foto mit dem Bild, mit dem ein Kind bei einem Zeichenwettbewerb gewonnen hat usw. Wichtig ist, dass jedes Kind durch seine persönliche Leistung einmal auf einem Foto an der „Wall of Fame" erscheint.

Keks-Marathon

Spannend, sportlich und wild geht es bei diesem Marathonlauf zu. Zuerst wird eine Rennstrecke von zwanzig bis dreißig Metern Länge deutlich gekennzeichnet. Dazu werden die Start- und die Ziellinie, z. B. mit einem farbigen Band, markiert. Dann stellt man hinter die Ziellinie und vor die Startlinie ein kleines Päckchen Kekse. Jetzt kann die wilde Jagd beginnen! Alle Sportler stehen an der Startlinie. Sobald die Lehrerin pfeift, rennen die Kinder in Richtung Ziel. Bevor aber der Erste dort ankommt, pfeift die Lehrerin wieder und gibt damit das Zeichen zum Umkehren. Alle Kinder drehen sich also sofort um und rennen zur Startlinie zurück. Aber schon wieder wird gepfiffen und alle Sportler düsen in die entgegengesetzte Richtung. Da aber die Kinder natürlich unterschiedlich schnell laufen, wird bald eines eine Linie überschreiten können. In diesem Fall darf sich dieses Kind einen Keks aus der Packung nehmen und sich am Rande des Spielfeldes zum Ausruhen und Keks-Futtern hinsetzen. Die anderen Sportler aber rennen weiter und weiter, bis am Ende alle einen Keks erbeuten konnten.

Besuchen Sie am frühen Morgen mit der Klasse ein Volksfest oder einen Jahrmarkt oder einen Bauern- oder einen Fischmarkt … und staunen Sie gemeinsam, wie hier die Infrastruktur funktioniert. Für Grundschulkinder ist das ein eindrucksvolles Erlebnis. Da kommen z. B. die Arbeiter der Putzkolonne, die Lieferanten, die Besitzer der einzelnen Stände, die Techniker usw. Jetzt kann man sich in Ruhe z. B. ein Karussell oder einen Marktstand … anschauen und vielleicht das erste Brötchen kaufen, das gerade angeliefert wurde.

Während eines Schuljahres passieren so viele „Highlights", die leider nur zu schnell in Vergessenheit geraten. Damit das nicht passiert, kann dafür ein kleines Heft angelegt werden. Am Ende jeder Schulwoche denken alle Kinder gemeinsam darüber nach, was die „Highlights" dieser Woche waren, also vielleicht:

- Timo hat an seinem Geburtstag für jeden eine Gummimaus mitgebracht.
- Wir sind gemeinsam mit Sprungseilen ums Schulhaus gehüpft.
- Luisa hatte ihren Hamster dabei und der war plötzlich verschwunden.

Solche kleinen Erlebnisse werden in Kurzform oder in Stichworten ins Heft der „Highlights" geschrieben. Das Heft wird an einem bestimmten Ort aufbewahrt, sodass jeder der mag, immer wieder darin lesen kann.

Die große Abschiedsumarmung

Auf einmal alle Mitschüler inklusive Lehrerin/Lehrer gleichzeitig zu umarmen, gibt den Schülern ein Gefühl der Zusammengehörigkeit. Dies ist vor allem am letzten Schultag vor den Ferien oder am ersten Schultag nach den Ferien eine geeignete Geste zur Stärkung der Klassengemeinschaft.

Kleine Verstärker

Langfristig gesehen sind es gar nicht so sehr die großen Dinge, die unseren Schülern Selbstbewusstsein verleihen. Es sind die kleinen, aber wirksamen Verstärker, die alltäglichen Vertrauensbeweise und die scheinbar nebensächlichen, meistens wortlosen Gesten, die ein Kind als wertschätzend erlebt und daran wächst.

Für die Tage vom 1. Dezember bis zum Beginn der Weihnachtsferien bekommt jedes Kind die Aufgabe, eine Überraschung für die ganze Klasse vorzubereiten. Ein Kind übt vielleicht das Vorlesen einer kurzen Weihnachtsgeschichte, ein Kind, das aus einem anderen Land stammt, lehrt den Mitschülern ein Weihnachtslied in seiner Sprache oder erzählt, wie man in seinem Land Weihnachten oder ein anderes wichtiges Fest feiert. Wieder ein anderes Kind zeigt, wie man einen bestimmten Stern bastelt (und bringt ggf. die benötigten Materialien von zu Hause mit).

Die Lehrerin bereitet einen Kalender mit Türchen vor, indem sie hinter jedes Türchen den Namen eines Schülers oder ggf. von zwei Schülern schreibt. Am 30. November darf ein Kind das erste Türchen öffnen und den Namen des Kindes vorlesen, das am nächsten Morgen an der Reihe ist, die Klasse zu überraschen. Jedes Kind sollte bis zu Beginn der Weihnachtsferien einmal an die Reihe kommen. (Je nach Klassengröße also entsprechend früher anfangen oder an einem Tag zwei Kinder ihre Überraschung präsentieren lassen.)

Goldene Weihnachtsnüsse

An jedem Schultag im Dezember wird irgendwo im Klassenzimmer oder auf bzw. unter dem Tisch eines Kindes eine goldene Weihnachtsnuss versteckt. Wer sie findet, darf sich etwas wünschen, was die ganze Klasse gemeinsam unternehmen kann, z. B. ein gemeinsames Spiel, eine Bastelstunde, eine Vorlesgeschichte oder einen kleinen Bummel über den Weihnachtsmarkt.

Weihnachtszeit

Für jedes Kind steht am Morgen ein Teelicht auf dem Fensterbrett bereit. Wer ins Klassenzimmer kommt, zündet sein Licht an und wenn dann der Unterricht beginnt, verzaubert das Kerzenlicht den Beginn des Schultags.

Ein gemeinsamer Abendspaziergang in der Weihnachtszeit ist ein besonderes Highlight für die Schüler, denn es gibt leuchtende Weihnachtsdekorationen, Christbäume und Schneemänner zu bewundern. Das Besondere an diesem Spaziergang ist, dass er „ferngesteuert" wird, denn an jeder Weggabelung wird durch Münzenwerfen oder Streichholzziehen festgelegt, in welche Richtung es weitergeht. Dazu wird vorher festgelegt, welche Seite der Münze oder welche Streichholzlänge für welche Richtung steht. So kann man gespannt sein, wohin der Weg an der nächsten Kreuzung gelenkt wird.

Die Weihnachtswichtel

In der Adventszeit verwandeln sich die Schüler heimlich und leise in Weihnachtswichtel. Ein Weihnachtswichtel ist angehalten jeden Tag eine kleine gute Tat zu vollbringen, ohne darüber zu reden. So eine Wichteltat könnte z. B. darin bestehen, der kranken Tischnachbarin am Nachmittag die Neuigkeiten aus der Schule zu erzählen, einer Mitschülerin zu helfen, ihren zweiten Handschuh wiederzufinden oder dem Hausmeister dabei zu helfen, sein verschneites Auto freizuschaufeln.

Der unsichtbare Weihnachtsengel

Wenn die Kinder z. B. von der Pause, vom Sportunterricht oder aus dem Computerraum zurück ins Klassenzimmer kommen, gibt es immer mal wieder etwas, das vorher noch nicht da war: Ein glitzernder Stern baumelt von der Deckenlampe, eine Kerze brennt am Fensterbrett, eine Feder hängt an einem dünnen Faden an der Klassenzimmertür, große Foliensterne schmücken die Fenster usw. Typisch Weihnachtsengel! Da kann man schon gespannt sein, was seine nächste Idee ist.

Geburtstagsmarsch

Alle Schüler stellen sich zu zweit einander gegenüber auf und geben sich über den Köpfen die Hände. So steht ein Paar hinter dem anderen. Alle zusammen bilden eine Gasse, durch die das Geburtstagskind jetzt langsam von der Klassenzimmertür zu seinem Platz schreitet. Währenddessen singen alle gemeinsam ein Geburtstagslied.

Zuschauer

Aktive Schüler brauchen aktive Lehrer. Deshalb: Versuchen Sie, möglichst vielen Theaterstücken, Konzerten und Sportveranstaltungen beizuwohnen, bei denen Schüler Ihrer Klasse aktiv teilnehmen. Und applaudieren Sie, was das Zeug hält!

Kommt das Geburtstagskind ins Klassenzimmer, steht ein Geburtstags-Thron bereit. Dazu kann man den Stuhl des Kindes z. B. mit Girlanden, Samtkissen und bunten Luftballons schmücken.

Die Spielekiste

Eine Spielekiste mit interessantem Inhalt, wie: Jo-Jos, Gummihüpfschnur, Kartenspielen, einer Stoppuhr, Springseilen, kleinen, weichen Bällen, Papier, Stifte, Kreide usw. kann an ganz besonderen Tagen in der großen Pause eingesetzt werden. Zum Beispiel nach einer außergewöhnlichen Anstrengung oder wenn alle Schüler besonders gut mitgearbeitet haben.
Abwechselnd sorgen immer zwei Spielekisten-Verwalter dafür, dass die Spielsachen wieder zurückgegeben werden und dass sie sich in ordentlichem Zustand befinden.

Riesenkonfettizahl

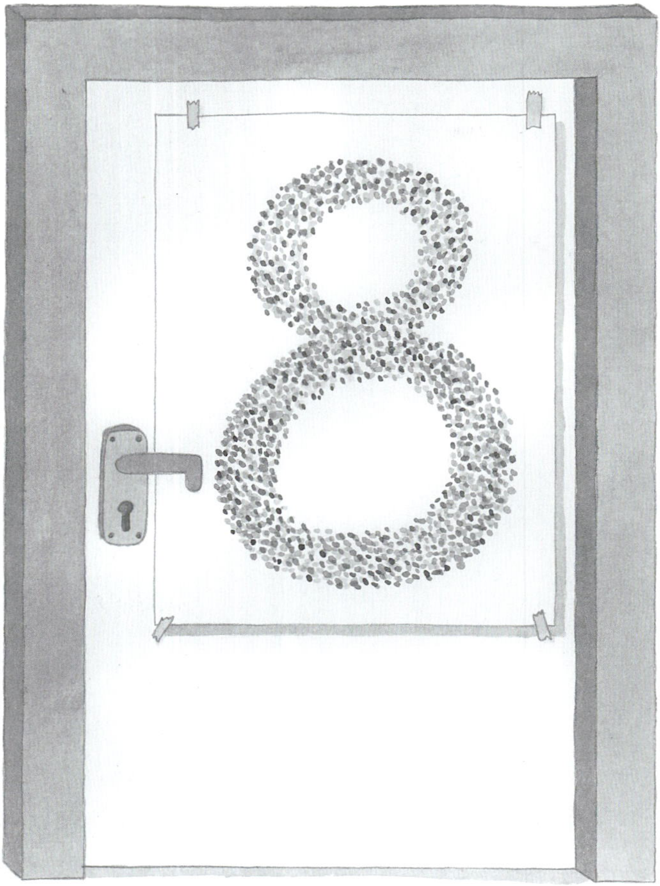

Je nachdem, der wievielte Geburtstag gefeiert wird, malt man die Zahl mit einem breiten Klebestift auf einen großen Bogen Packpapier oder auf ein Stück Tapete. Dann streut man ein Päckchen Konfetti über die Klebezahl und drückt die bunten Kreise mit der Handfläche ein wenig an. So entsteht wie von Zauberhand die bunt gesprenkelte Geburtstagszahl. Die Riesenkonfettizahl kann z. B. außen an der Klassenzimmertür befestigt werden.

Auf dem Pult stehen nebeneinander zehn gleiche Pappbecher, die alle über kleine Geschenke gestülpt sind wie z. B. eine Mandarine, ein Mini-Rätselheft ein Muggelstein … Das Geburtstagskind darf nun nacheinander fünf Becher seiner Wahl umdrehen und erhält alles, was darunter ist, als Geschenk.

Aufmerksamkeit

Die ungeteilte, aufrichtige Aufmerksamkeit der Lehrerin ist für die Entwicklung eines Schulkindes enorm wichtig. Wer sie nicht bekommt, wird Wege finden, sie zu erlangen und diese Wege sind nicht immer die, von denen Lehrer träumen.
Aufmerksamkeit muss authentisch und ehrlich sein. Ein kurzer Blick über die Schulter ins Heft des Kindes mit dem Kommentar „Schön, schön" reicht nicht aus. Gehen Sie auf Augenhöhe mit dem Kind, schauen Sie in Ruhe den Hefteintrag an und loben Sie dann im Detail: „Die Biene hast du ganz besonders schön gezeichnet."

Gänseblümchenwünsche

Jedes Kind, bis auf das Geburtstagskind, erhält ein Gänseblümchen. Dann übergibt einer nach dem anderen dem Geburtstagskind seine Blume und wünscht ihm dabei etwas, z. B.: „Ich wünsche dir, dass du dein Skateboard wiederfindest!" oder „Ich wünsche dir, dass dein Goldhamster wieder gesund wird.", oder „Ich wünsche dir, dass du in den Tischtennisverein aufgenommen wirst."

Gut gemacht!

Kinder im Grundschulalter lieben Anerkennung über alles. Wenn einer Ihrer Schüler etwas besonders gut hinbekommen hat, rufen Sie ruhig einmal laut „Gut gemacht!" und applaudieren Sie dem Kind. Wenn dann auch die Klassenkameraden mitmachen, ist das ein sehr erhebendes Gefühl für das Kind.

Der Geburtstagsschatz

Eine Schatzsuche ist eine aufregende Sache. Gebraucht wird ein Knäuel Schnur oder Wolle und ein kleiner Schatz. Als Schatz eignet sich z. B. die Lieblingsfrucht des Schatzsuchers, ein winziges Spielzeugauto, ein Aufziehtierchen, ein kleines Päckchen Rosinen oder ein Goldtaler aus Schokolade. Ein Ende der Schnur wird am Stuhl des Geburtstagskindes befestigt. Dann wird die Schnur kreuz und quer durch das Klassenzimmer geführt. Wenn das Kind der Schnur folgt, findet es schließlich den Geburtstagsschatz, der am Schnurende befestigt ist.

Wunschtiere

Das Geburtstagskind darf sich von seinen Mitschülern Fantasietiere zeichnen lassen und zwar nach seinen Angaben. Zum Beispiel: einen Hals wie eine Giraffe, einen Körper wie ein Vogel, Beine wie ein Frosch, einen Kopf wie ein Krokodil, einen Elefantenrüssel, ein Horn auf das Nase … Die Angaben werden nacheinander so langsam gegeben, dass die Zeichner gut mitkommen. Am Schluss darf jedes Kind sein Fantasietier noch bunt anmalen, das Bild signieren und dem Geburtstagskind schenken.
Damit alle anderen Kinder die Kunstwerke auch gebührend bestaunen können, werden die Bilder aufgehängt.

Tipp: Wenn nicht genügend Platz zum Aufhängen der Bilder vorhanden ist, spannt man einfach eine Wäscheleine oder Schnur und befestigt die Bilder dort mit Wäscheklammern.

Virtuose Geburtstagslieder

Ehrensache, dass alle Schüler gemeinsam dem Geburtstagskind ein Lied singen. Noch lustiger wird es, wenn jeder dazu ein „Instrument" spielen darf, z. B. die Schultaschentrommel, die Klapperstiftdose, das Pappkarton-Schlagzeug oder andere „Instrumente", die man schnell auftreiben kann.

Alles Gute

Positive Gedanken und Erlebnisse, Vorfreude und der Umgang mit glücklichen Menschen wirken sich günstig auf die eigene Energie aus. Mit einfachen Aufgaben kann dies gefördert werden, zum Beispiel:

➔ *Suche auf deinem Heimweg drei Dinge, die dir gefallen.*

Am nächsten Schultag, wenn die erste Müdigkeitsphase eintritt, dürfen die Kinder erzählen, was sie entdeckt haben, zum Beispiel eine lustige, bunte Graffiti -Zeichnung in der Bahnunterführung, ein Fohlen auf der Wiese, einen Hund im Regenmantel usw.

➔ *Versuche, drei Menschen zum Lachen bzw. Lächeln zu bringen.*

➔ *Der nächste Monat hält drei schöne Erlebnisse für dich bereit. Was könnte das sein?*

Geburtstag ist ein schöner Tag!

Schön, wenn der Geburtstag nicht nur zu Beginn des Schultages erwähnt wird, sondern den ganzen Tag lang immer wieder eine Rolle spielt. So darf das Geburtstagskind z. B. als erstes Kind in die Pause gehen oder es darf Wünsche bezüglich des Musikangebotes äußern, es darf sich eine Vorlesegeschichte aussuchen usw.

Ich hör dir zu, ich nehme dich an!

Für Schüler ist es wichtig, dass Sie ihnen Ihre ungeteilte Aufmerksamkeit schenken, wenn er oder sie Ihnen etwas Persönliches erzählen möchte. Wenn das gerade nicht möglich ist, teilen Sie diesem Kind mit, wann Sie Zeit haben. Durch Körpersprache, Blickkontakt und ggf. durch Nachfragen können Sie Ihr Interesse an den Erlebnissen, Problemen und Ideen signalisieren bzw. unterstreichen.

Ich wünsch dir was

Alle Kinder stellen sich im Kreis auf, das Geburtstagskind steht mit einem Ball in den Händen in der Kreismitte. Jetzt darf das Geburtstagskind seinen Mitschülern nacheinander den Ball zuwerfen. Das Kind, das den Ball fängt, sagt schnell, was er dem Geburtstagskind wünscht, z. B.: „Ich wünsche die eine riesengroße Geburtstagstorte“ oder „Ich wünsche dir, dass du dein Fahrrad wieder findest“ usw. Natürlich dürfen auch ein paar Quatschwünsche darunter sein, z. B.: „Ich wünsche dir eine Reise auf den Mond im Heißluftballon“ oder „Ich wünsche dir eine Badewanne voller Gummibärchen“. Der Fantasie ist keine Grenze gesetzt. Hat jeder mindestens einen Wunsch geäußert, bedankt sich das Geburtstagskind und zählt so viele Wünsche wie möglich auf, an das es sich noch erinnern kann. Wessen Wunsch genannt wird, setzt sich auf seinen Platz. Am Ende helfen alle Kinder zusammen, um auch noch die letzten Wünsche zu wiederholen.

Warm und kalt

Die Mitschüler verstecken für das Geburtstagskind eine allen bekannte „Schatztruhe". In der Truhe befindet sich ein kleines Geschenk. Das Geburtstagskind wird kreuz und quer durch das Klassenzimmer dirigiert, indem es mit einem „Warm" informiert wird, wenn es sich auf dem richtigen Weg zur Schatztruhe befindet und mit einem „Kalt", wenn es sich davon entfernt.

Bewegung

Viele Disziplinprobleme basieren auf angestautem Bewegungsdrang der Kinder. Deshalb: Bringen Sie mehr Bewegung in Ihren Unterricht! Auch kleine Bewegungsspiele sind hilfreich. Die Minuten, die Sie durch das Spiel „verlieren" sind gut investiert und schnell wieder eingespart, weil der Unterricht ruhiger und konzentrierter verläuft.

Der goldene Geburtstag

Seinen goldenen Geburtstag feiert man nur einmal im Leben und zwar dann, wenn der Tag des Datums der Anzahl der Jahre entspricht. So hat z. B. ein Kind, das am 8. eines Monats acht Jahre alt wird goldenen Geburtstag. Und weil es diesen besonderen Geburtstag eben nur einmal gibt, kann er auch in der Klasse ganz besonders gefeiert werden.

Vorfreude

Vorfreude ist ein starker Muntermacher. Wer weiß, dass z. B. in der letzten Unterrichtsstunde ein lustiges Spiel, Quiz, Videofilm etc. wartet, der geht mit viel mehr Schwung und Elan durch den Tag.